10 IDEEN

mit denen du die UMWELT schützen kannst

Illustrationen von Clarissa Corradin

Texte von Giuseppe D'Anna

WS Kids
WHITE STAR KIDS

INHALT

DIE ERSTEN SCHRITTE

ZUERST EINMAL, GLÜCKWUNSCH!
DU HÄLTST EIN WICHTIGES BUCH IN DEN HÄNDEN

Vielleicht weißt du schon, dass unser schöner blauer Planet leidet und auf jede mögliche Hilfe angewiesen ist (auch auf unsere!), oder aber du möchtest besser verstehen, was mit der Erde passiert.
In beiden Fällen ist dies das richtige Buch für dich!
Jeden Tag, genau vor unseren Augen, nimmt die Umweltverschmutzung wieder etwas zu. Vom achtlos auf die Straße geworfenen Papier bis hin zu im Meer entsorgten Abfällen, vom schwarzen Rauch, der aus den Fabrikschornsteinen steigt, bis zu den stinkenden Autoabgasen schädigen sehr viele Dinge (manchmal sogar ganz unverdächtige) die uns umgebende Umwelt.

ES IST ZEIT ETWAS ZU ÄNDERN, ZUMINDEST ES ZU VERSUCHEN. BIST DU DABEI?

„Aber ich habe keine Fabrik! Ich fahre kein Auto!", denkst du vielleicht. Stimmt. Wenn du allerdings glaubst, nur die Großen könnten die Welt retten ... nun, da irrst du dich.

DAS KANNST AUCH DU.
NEIN, DAS IST KEIN SCHERZ.

Ein wichtiger Satz (am besten notierst du ihn!):

KLEINE DINGE IM ALLTAG BEWIRKEN ETWAS, VOR ALLEM, MIT EINEM GROßEN ZIEL VOR AUGEN.

Und deshalb ist dieses Buch so wichtig. Seite für Seite erfährst du etwas über zehn kleine Dinge, mit denen du einen Beitrag zum Umweltschutz leisten kannst. Aber keine Sorge: Es sind eigentlich ganz einfache Dinge, die man jeden Tag zu Hause, in der Schule, unterwegs in der Stadt beachten kann ...
Es ist fast wie ein Puzzle: Jedes kleine Teil ist wichtig für das Ziel. Für sich genommen scheint es keine Bedeutung zu haben, fügt man es aber mit den anderen zusammen, entsteht ein schönes Bild! Auf dieselbe Weise können die in diesem Buch vorgeschlagenen kleinen Dinge zusammengenommen nach und nach etwas bewirken.

WORAUF WARTEST DU? PROBIERE ES AUS!

Lerne die Dinge und dann bringst du sie auch deinen Freunden bei.
Alle zusammen, Tag für Tag, ein Schritt nach dem anderen ...

... SO RETTET MAN DIE WELT!

01 SCHUTZ DER BIENEN

Wusstest du, dass es weltweit immer weniger Bienen gibt?

Leider ist das so. Zum Glück können wir kleine (und duftende) blühende Bereiche für sie schaffen:

RETTUNGSINSELN FÜR BIENEN.

Das ist ganz einfach. Zunächst **besorgst du dir bienenfreundliche** Blumensamen, also solche, die sie besonders gern mögen. Du findest sie in Gärtnereien und einige kennst du vielleicht sogar schon: zum Beispiel **Thymian** und **Rosmarin**, oder die kleinen, duftenden Blüten von **Lavendel** und **Sonnenblumen.**

Es gibt unendlich viele (und die Bienen sind verrückt danach!): Mohn, Ringelblume, Malve, Anis, Kreuzkümmel, Koriander, wilder Fenchel, Klee, Borretsch ...

Keine Sorge, man braucht nicht alle, die Sorten, die du finden kannst, sind okay.

Nun brauchst du einen schönen Platz zum Aussäen. Wenn du nicht die richtigen Samen gefunden hast, fange mit anderen Pflanzen in Töpfen an, die sogar auf den Balkon können, wenn du keinen Garten hast.

Es wäre auch ein schönes Projekt in der Schule, zusammen mit **Lehrern und Klassenkameraden (je mehr, desto besser).** Sucht ein **Beet** im Schulhof und bewaffnet euch mit *Schaufeln* und *Gießkannen*! In vielen Städten kann man außerdem in Parks oder anderen öffentlichen Bereichen eigene Pflanzen anbauen. Frage nach, vielleicht geht das auch bei dir.

Denke daran, dass Pflanzen Wasser und Licht brauchen, um zu gedeihen. Und nicht nur sie ... Lasse neben deiner Rettungsinsel für Bienen immer eine kleine Schüssel mit Wasser stehen.

DIE SUMMENDEN KLEINEN INSEKTEN WERDEN DIR SEHR DANKBAR DAFÜR SEIN!

WARUM DEN BIENEN HELFEN?

Die fleißigen Insekten sind ein sehr gutes Beispiel dafür, dass auch die Kleineren (wie du) etwas Großes erreichen können. Und weißt du warum?

VIELE PFLANZEN SIND AUF BIENEN ANGEWIESEN, UM SICH FORTPFLANZEN ZU KÖNNEN.

Das funktioniert so: Unsere Freundin wird vom Nektar der Blüte angelockt, und während sie in der Blüte den Nektar schlemmt, bleiben an ihren kleinen Beinen die Pollen hängen. Wenn sie sich dann auf eine andere Blüte der gleichen Pflanzenart setzt, löst sich der Pollen und befruchtet die andere Blüte. Und so reift nach und nach die Frucht heran, die in ihrem Inneren wiederum einen Samen bewahrt, aus dem eine neue Pflanze wachsen wird!

Kurzum, ohne die summenden Bienen wäre irgendwann nichts mehr da: Keine Früchte, keine Samen und schließlich keine Pflanzen, die für die Tiere und die Menschen unverzichtbar sind.

EINE SCHLIMME SACHE!

Bienen sind gefährdet durch die Umweltverschmutzung und Schädlingsbekämpfungsmittel in der Landwirtschaft: Deren **Inhaltsstoffe sind nämlich schädlich und töten immer mehr Bienen und andere Insekten.**
Und genau deshalb ist deine kleine Rettungsinsel so wichtig für die Bienen: Es ist ein kleiner Schritt, damit sie sich wieder vermehren können!

WUSSTEST DU SCHON?

Bienen haben einen großen **Stachel**, den sie einsetzen, wenn sie sich bei Gefahr verteidigen müssen. Das geschieht allerdings selten, denn wenn sie ihn einsetzen, sterben sie gleich darauf. **Wespen** dagegen können mehrmals stechen (weshalb sie auch als gefährlicher gelten!).
Die beiden Insekten sind sich zwar recht ähnlich, lassen sich aber dennoch gut auseinanderhalten: Die Biene ist rundlich und behaart, mit dunkleren gelben und braunen Streifen, während die Wespe schmal und glatt ist, und ihre Streifen deutlich schwärzer und hellgelb sind.

In beiden Fällen solltest du dich von ihren Nestern und Bienenstöcken fernhalten, sonst könnte es schlecht um dich stehen!

02 WENIGER PLASTIK

Plastik ist überall: Flaschen, Teller, Tüten, Verpackungen ... Dabei ist es eigentlich gar nicht so schwer, weniger davon zu verwenden. **Wie? Das schauen wir uns nun gemeinsam mit Einfallsreichtum an.**

Im Laufe eines Tages hat man immer wieder Durst. Wenn du zu Hause ein Glas benutzt und unterwegs einen waschbaren, wiederverwendbaren Kunststoffbecher anstatt einen Wegwerfbecher, vermeidest du schon viel Plastikabfall. Ganz einfach. Dasselbe gilt natürlich für **Teller**, **Trinkhalme**, **Luftballonstäbe** und viele Dinge mehr, die aus Kunststoff sind. Alle Wegwerfartikel, die nach einmaligem Gebrauch in den Müll kommen, erhöhen den Plastikverbrauch enorm. Vermeidet man sie, wann immer es geht, hat man schon eine ganze Menge getan!

Und wenn man unterwegs ist, gibt es zum Trinken eine ganz einfache Lösung:

NIMM DEINE EIGENE TRINKFLASCHE MIT!

Du hast eine große Auswahl zwischen vielen Varianten und Farben und kannst die Flasche sogar ganz persönlich gestalten, warum nicht? Klebe bunte Sticker auf oder beschrifte sie mit deinem Namen ... dann kannst du sie mit deinen Lieblingsgetränken füllen, so oft du magst.

Und wenn du auf einem Fest bist?
Werden dort Wegwerfbecher und -teller verwendet, kannst du mit einem Filzstift deinen Namen darauf schreiben und sie beliebig oft verwenden.

Aber außer darauf zu verzichten, wann immer es geht, **gibt es auch andere Möglichkeiten, um den Kunststoffverbrauch zu reduzieren.** Aus vielen Verpackungen lassen sich beispielsweise neue Dinge machen: Aus einer abgeschnittenen Plastikflasche (lass dir dabei helfen) könnte mit etwas Dekoration (Sticker, Farbe, Geschenkpapier) dein persönlicher Stiftebecher werden ...

Und ein leere Eispackung oder Joghurtbecher aus dem Supermarkt?
Mach daraus Ordnungshelfer: Einfach gut waschen, nach Belieben verzieren und mit all den Dingen füllen, die herumliegen und die du vielleicht häufig suchst (Sammelfiguren, Würfel, Süßigkeiten, Papiertaschentücher ...).

WAS SONST?
ICH WETTE, DU HAST NOCH TAUSEND ANDERE IDEEN!

WARUM PLASTIK EINSPAREN?

Je mehr Plastik wir verwenden, desto mehr werfen wir weg. Das Problem ist, dass dabei **Abfallberge** entstehen, die sich irgendwo in vergessenen Winkeln dieser Erde anhäufen.

Ja, denn leider wird nur ein kleiner Teil des Kunststoffmülls **recycelt** (wenn du nicht weißt, was mit Recycling gemeint ist, keine Sorge, wir sprechen noch davon). Der Rest landet auf **Mülldeponien**, in **Verbrennungsanlagen** (wo er beim Verbrennen wiederum die Luft verschmutzt) oder sogar einfach in der **Umgebung**: Und was auf dem Boden oder im Wasser landet, bleibt dort, denn Kunststoff ist ein sehr beständiges Material.

Weißt du, wie viel Plastik jedes Jahr im Meer landet?

ETWA ACHT MILLIONEN TONNEN!

Eine gewaltige Zahl!

Außerdem können all diese Abfälle schlimme Folgen für die Tiere mit sich bringen, die im Meer und in den angrenzenden Regionen leben.

So kommt es vor, dass **Meeresschildkröten** Plastiktüten mit Quallen verwechseln und sie fressen (was ihnen natürlich ganz und gar nicht guttut). Und so geht es auch den **Möwen** und anderen Meeresbewohnern. Das passiert, wenn Plastik einfach irgendwo landet.

WENIGER PLASTIK IST BESSER, KLAR ODER?

WUSSTEST DU SCHON?

Viele Länder haben neue Gesetze erlassen, um plastikfrei zu werden. Erreicht werden soll dies auch durch alternative Materialien, die **kompostierbar** sind. Vielleicht hast du ja schon einmal Teller, Schüsseln oder Becher gesehen, die denen aus Kunststoff zum Verwechseln ähnlich sind, aber aus pflanzlichen Materialien hergestellt wurden wie **Zuckerrohr** oder **Bambus**.
Wenn man diese irgendwann wegwirft, bleiben sie nicht Hunderte von Jahren irgendwo liegen, sondern werden irgendwann zu Kompost, der wiederum **Nährstoff** für die Erde ist, aus der sie selbst entstanden sind.

DIESE KANNST DU NUTZEN, OHNE DIE UMWELT ZU SEHR ZU BELASTEN!

03 MÜLL TRENNEN

Das Ziel der Mülltrennung ist, die Abfälle wiederzuverwerten. Dazu ist es wichtig, sie nicht zu vermischen, sondern in den jeweils richtigen Wertoffbehälter zu entsorgen.

- Essensreste wie das Kerngehäuse vom Apfel, Eierschalen oder Pizzaränder sind organische Abfälle und kommen in den Biomüll. Hier hinein könnten dann auch die vorhin erwähnten kompostierbaren Teller, wenn sie kaputtgehen.

- In die Behälter für Papier und Pappe kommen beispielsweise alte Hefte, nicht mehr gebrauchte Blätter, Zeitungen und Verpackungen aus Papier oder Pappe ...

- Besondere Vorgaben gibt es auch für Plastik, woraus viele Behälter hergestellt sind, vom Joghurtbecher bis zur Shampooflasche. Oft wird es zusammen mit Metall und Aluminium, beispielsweise Konservenbüchsen und Aluverpackungen, gesammelt. Auch Glas wird getrennt gesammelt.

- Dann gibt es noch den Sondermüll (Batterien, Kartuschen von Druckern, Medikamente), den man an besonderen Sammelstellen abgibt, und natürlich den täglich anfallenden Restmüll.

JETZT BIST DU GUT GERÜSTET FÜR DAS THEMA MÜLLTRENNUNG!

Du brauchst nur etwas guten Willen und die Hilfe eines Erwachsenen, denn je nachdem wo du lebst, sind die Regeln ganz anders – sogar von Stadt zu Stadt – und manchmal muss man sich ganz schön einarbeiten ... aber, wenn du Zweifel hast, frage einfach nach und so trägst du irgendwann den ...

SCHWARZEN GÜRTEL IN MÜLLTRENNUNG

WARUM IST MÜLLTRENNUNG SO WICHTIG?

Ganz einfach. Weil durch die Mülltrennung etwas sehr Wichtiges möglich wird: das **Recycling!**

Die städtischen Müllwagen sammeln die getrennten Abfälle und bringen sie zu einer Entsorgungsanlage, wo die Abfälle kontrolliert, sortiert und wenn nötig verdichtet (das heißt platzsparend zusammengepresst) werden. Dann werden sie an Verwertungsbetriebe weitergeleitet, die vollständig neue Dinge aus ihnen herstellen.

Nein, das ist kein Scherz: Dank der Mülltrennung können wir weggeworfene Dinge erneut verwerten und der Umwelt zusätzlichen Schaden ersparen.

UND ALL DIES IST MÖGLICH, WEIL AUCH DU EINEN TEIL DAZU BEITRÄGST, INDEM DU DIE ABFÄLLE SORGFÄLTIG TRENNST!

Leider sind die Abfälle, die nicht recycelt werden (das kommt viel zu oft vor!) ein großes Problem, weil sie über viele weitere Jahre die Umwelt belasten.

- Ein auf den Boden geworfenes **Kaugummi** bleibt dort FÜNF JAHRE.
- Eine achtlos weggeworfene **Getränkedose** sogar HUNDERT JAHRE.
- Und eine ganz normale **Plastiktüte** kann gut TAUSEND JAHRE überdauern!

ES STEHT AUßER FRAGE: UNSEREN MÜLL SO GUT WIE MÖGLICH ZU RECYCLEN, IST EIN SEHR WICHTIGER BEITRAG ZUR SCHONUNG DER UMWELT.

WUSSTEST DU SCHON?

Aus recyceltem Kunststoff können ganz erstaunliche Dinge entstehen. Zum Beispiel wird **Fleece** – ein weiches Material – aus **Plastik** gemacht (ja, dein Hoodie könnte aus Plastikflaschen bestehen!). Aus **Glas** dagegen kann man **Kunstrasen** machen, so wie der auf dem Fußballplatz.

UND DIE ESSENSRESTE?

Sie werden zu Kompost, der den Pflanzen hilft, gut zu gedeihen.

04 HEIMISCHE UND SAISONALE PRODUKTE

In der Gemüseabteilung des Supermarktes findest du alles das ganze Jahr über: ob saftige Ananas, pelzige Kiwis, rote Zwiebeln, Riesenkürbisse ...

In der Auslage mögen sie zwar immer gleich aussehen, eigentlich aber haben sie alle andere Geschichten, denn einige Produkte kommen von sehr weit her, andere aus der Umgebung, einige sind **saisonale** Produkte (das heißt, in der Zeit reif geworden, in der du sie kaufen kannst), andere dagegen werden in **Gewchshäusern angebaut, wo sie vor Kälte geschützt wachsen.**

Wie kann man sie erkennen?

Leider lässt sich nicht mit bloßem Auge erkennen, ob Erdbeeren an der Sonne gereift sind oder unter **künstlichem Licht** (wo sie zu jeder Jahreszeit wachsen). Deshalb ist es besser, zu lernen (und sich zu merken), welches Obst und Gemüse zu welcher Zeit im Jahr wächst.

DAS GEHT AUF EINFACHE UND VERGNÜGLICHE WEISE:

Nimm ein Stück Pappe und unterteile es mit einem Filzstift in vier gleiche Teile, eines für jede Jahreszeit: Frühling, Sommer, Herbst und Winter. Dann malst du mit der Hilfe deiner Lehrerin, deines Lehrers oder deiner Eltern in jeden Bereich die **Obst-** und **Gemüsesorten**, die in der jeweiligen Jahreszeit natürlicherweise bei dir in der Umgebung gedeihen.

JE MEHR, DESTO BESSER!

Den fertigen Saisonkalender kannst du in der Küche aufhängen, in der Klasse oder in deinem Zimmer. So weißt du immer, welche Erzeugnisse zur aktuellen Jahreszeit am besten gegessen werden sollten. Wenn du dann deine Mutter oder deinen Vater (oder die Oma) zum Markt begleitest oder zum Gemüsehändler, sucht ihr heimische **Produkte** aus, die aus der **regionalen Landwirtschaft** kommen.

Mit etwas Glück triffst du am Stand vielleicht sogar den Bauern, der sich um den Anbau vom Obst und vom Gemüse kümmert.

WARUM SAISONALE UND HEIMISCHE PRODUKTE BEVORZUGEN?

Um die Supermärkte mit nicht saisonalem Obst und Gemüse zu füllen, muss dies aus anderen Ländern (wärmeren oder kälteren, je nach Produkt) dorthin transportiert oder in beheizten Gewächshäusern mit speziellen Lampen angebaut werden.

LEIDER IST BEIDES SCHLECHT FÜR DIE UMWELT.

Stelle dir die Reise einer Zucchini vor, die aus einem anderen Land in deinen Supermarkt gelangt. Sie wird mit all dem anderen Gemüse auf einen Lastwagen geladen, dann auf einen Zug, vielleicht auch noch auf ein Schiff ... Und all diese Verkehrsmittel stoßen **Kohlendioxid** aus, eine Substanz, die sehr schädlich ist für die Umwelt (wir sehen später noch, warum).

DAS HEIẞT, JE WEITER DIE ZUCCHINI REIST, DESTO GRÖẞER IST DIE LUFTVERSCHMUTZUNG!

Und bei den Gewächshäusern ist es das Gleiche: Damit Obst und Gemüse außerhalb der Saison wachsen, müssen die Pflanzen warm gehalten werden, und das geht nur über Heizsysteme, die (sehr viel) Kohlendioxid produzieren.
Wenn es draußen kalt ist, sollte man also besser auf die Erdbeeren verzichten und Obst essen, das gerade in deiner Umgebung wächst (dabei hilft dir dein Saisonkalender).

WUSSTEST DU SCHON?

Die Dinge, die an der Sonne reifen können, enthalten viel mehr **Vitamine** und **Mineralstoffe**. Das bedeutet auch, dass saisonales und heimisches Obst und Gemüse gesünder sind! Die Produkte, die von weiter her kommen, werden dagegen **unreif** geerntet und reifen unterwegs nach, weit weg vom **nährstoffreichen Boden**. Und Produkte aus dem Gewächshaus bieten weniger Nährstoffe, weil sie im Vergleich zu Freilandprodukten weniger Sonnenlicht abbekommen.

05 ENERGIE EINSPAREN

Der elektrische Strom bietet uns im Haus viel Komfort. Der Kühlschrank hält Lebensmittel frisch, die Lampen gehen an, wann immer wir möchten (per Schalter, einfacher geht es nicht!), der Fernseher unterhält uns, wann immer wir Lust darauf haben ... Alles einfach und problemlos.

Aber wusstest du, dass du mit etwas Aufmerksamkeit Energie sparen kannst, ohne auf irgendetwas verzichten zu müssen? Wirklich!

Die erste Regel ist ganz einfach und gilt eigentlich für alles (TV, Computer, Spielekonsolen ...): **Wenn du etwas nicht brauchst, schalte es aus.**

Wenn du es nur kurz nicht brauchst, kannst du es auf Standby, also auf Pause stellen. Strom wird dabei aber immer noch verbraucht, wenn auch wenig. Zum Beispiel, wenn du keine Lust hast, aufzustehen und den Fernseher mit der Fernbedienung ausstellst – das kleine rote Lämpchen, das anbleibt, erinnert dich daran, dass du noch Energie verbrauchst.

SCHALTE DEINE GERÄTE GANZ AUS, UM KEINE ENERGIE ZU VERSCHWENDEN.

Das Gleiche gilt natürlich auch für die **Lampen**. Man sollte vermeiden, Lichter unnötig brennen zu lassen. Du musst nur daran denken, **sie auszuschalten**, sobald du das Zimmer verlässt. Und wenn du zurückkommst, schaltest du die Lampe einfach wieder an.
Und bevor du die Wohnung verlässt, machst du mit Mama und Papa einen Kontrollgang: Alles aus? Okay, dann kann es losgehen!
Gut ist es auch, **spezielle Energiesparlampen**, vor allem **LED-Birnen**, zu nutzen, die mit wenig Energie genauso viel Licht machen. Frage deine Eltern, ob ihr zu Hause schon solche Birnen habt. Wenn nicht, kannst du den Vorschlag machen, sie von nun an zu verwenden!

Und der Kühlschrank? Den kannst du natürlich nicht ausschalten, sonst verderben die Lebensmittel. Aber Energie sparen kannst du dennoch: **Öffne ihn nur, wenn du wirklich etwas brauchst, nimm es heraus und schließe ihn sofort wieder**. So behält er die richtige Temperatur bei und man spart Energie.

WARUM ENERGIE SPAREN?

Ein großer Teil der täglich verbrauchten Elektrizität wird erzeugt aus „**fossilen Brennstoffen**“, also aus immer seltener werdenden (und teuren) Ressourcen, die für die Produktion von Strom verbrannt werden. Leider entstehen dabei große Mengen Kohlendioxid (CO_2), der **schlimmste Feind von sauberer Luft**. Wir haben schon vorher im Buch darüber gesprochen, erinnerst du dich?

Aber das ist noch nicht alles! Die am meisten verwendeten Brennstoffe sind **Kohle**, **Erdöl** und **Erdgas**, Ressourcen, die tief unter der Erdoberfläche liegen. Das heißt, zur Gewinnung braucht man gewaltige Bohranlagen, die sich in die Erde graben. Dann wird der Brennstoff an sein Ziel transportiert.

NUN, JEDER EINZELNE DIESER SCHRITTE BELASTET DIE UMWELT, WEIL ES MOTORBETRIEBENE FAHRZEUGE SIND. DAS ERGEBNIS? NOCH MEHR SCHWARZER RAUCH UND NOCH MEHR KOHLENDIOXID!

Es ist also für die Umwelt in jedem Fall am besten, wenn wir versuchen, so wenig Strom wie möglich zu verschwenden.

ES LIEGT DOCH AUF DER HAND: WENN JEDER SICH BEMÜHT, DARAUF ZU ACHTEN, STROM ZU SPAREN, DANN WIRD WENIGER STROM BENÖTIGT UND SOMIT LOGISCHERWEISE AUCH WENIGER FOSSILE BRENNSTOFFE!

WUSSTEST DU SCHON?

Es gibt auch „**saubere**" **Energien**, also Energie, bei deren Erzeugung keine umweltschädlichen Treibhausgase entstehen. Leider ist ihr Anteil bisher gering, da gibt es noch viel zu tun, sowohl hinsichtlich Forschung als auch Information.

DIES SIND DIE BEKANNTESTEN SAUBEREN ENERGIEARTEN:

- **Sonnenenergie** beispielsweise wird mit speziellen Solarpaneelen gewonnen, die an Spiegel erinnern und die Sonnenstrahlen auffangen (achte mal darauf, man sieht sie auf vielen Dächern!).

- Und die großen Windräder, die man oft außerhalb der Städte sieht? Nun, dabei handelt es sich um **Wind-kraftanlagen**, die dazu dienen, die durch den Wind erzeugte Energie zu nutzen.

- Ein weiteres Beispiel sind die **Wasserkraftwerke.** Sie wandeln die Energie des Wassers aus Flüssen, Wasserfällen und Strömungen in Strom aus Wasserkraft um.

06 ZU FUß GEHEN ODER RAD FAHREN

In der Stadt gibt es allzu oft ein Hin und Her von Autos, die sich wie eine Armee wütender Ameisen in langen Reihen fortbewegen – und allzu oft auch stehen.

Ich wette, genau das hast du auch schon erlebt! Sie füllen die Straßen mit ihren dröhnenden Motoren, stinkenden Abgasen und lauten Hupkonzerten ... Sicher, manches kann man nur mit dem Auto machen. In vielen Fällen aber ist es eine gute Alternative, zu Fuß zu gehen oder mit dem Rad zu fahren.

WENN DEIN ZIEL IRGENDWO IN DER NÄHE LIEGT, SCHLAGE DOCH EINFACH EINMAL VOR, DORTHIN ZU LAUFEN!

Ja, es wird wohl länger dauern, lohnt sich aber, denn unterwegs entdeckt man auch Neues. Vielleicht kommst du an einem Hof vorbei, der dir nie aufgefallen war, oder einer Statue, die vom Autofenster aus langweilig aussah. Und wer weiß, vielleicht triffst du unterwegs einen Freund oder findest ein Tier, das deine Hilfe braucht ...

EIN SPAZIERGANG AN DER FRISCHEN LUFT IST IMMER WIEDER FÜR EINE ÜBERRASCHUNG GUT.

NATÜRLICH SIND NICHT ALLE ORTE, WO DU HIN MÖCHTEST, LEICHT ZU FUß ERREICHBAR.

Vielleicht ist deine Schule, ein Park mit einem schönem Spiel- oder Sportplatz oder das Haus, wo deine beste Freundin wohnt, nicht ganz nah ... In diesem Fall könnte vielleicht das Fahrrad eine gute Idee sein (aber nicht zu schnell fahren!). Viele Städte haben gute **Fahrradwege**, auf denen man abseits von Straße und Bürgersteig sicher radeln kann.

Ist dein Ziel aber weiter weg oder das Wetter schlecht, dann kannst du eventuell **öffentliche Verkehrsmittel** nehmen (anfangs begleitet von einem Erwachsenen, bis du dich selbst gut auskennst). Autobus, Straßenbahn, U-Bahn ... finde heraus, welche in deiner Nähe sind und wo sie hinführen.

JETZT BIST DU BEREIT FÜR NEUE ABENTEUER!

WARUM IST ES GUT, ZU LAUFEN ODER ZU RADELN?

Ganz einfach: Wer zu Fuß geht oder Rad fährt, produziert überhaupt kein **Kohlendioxid** (da ist es wieder!). An Orten mit viel Verkehr verdichten sich nämlich die Abgase aus den Kraftfahrzeugen in der Luft, und so entsteht Smog, eine Art grauer Nebel, der die Umwelt schädigt und die Gesundheit der Menschen gefährdet.

HAST DU SCHON VOM „TREIBHAUSEFFEKT" GEHÖRT?

Das ist das, was passiert, wenn **zu viel Kohlendioxid** produziert wird: Dieses Gas hält die **Wärme der Sonnenstrahlen** in der Atmosphäre (also in der die Luft, die unseren Planeten umgibt) fest, was zum Anstieg der Temperaturen und somit zur **Erderwärmung** führt. Es ist fast so, als hätte die Welt Fieber ... und wenn es der Welt schlecht geht, ist das ein Problem für uns alle, denn die Jahreszeiten geraten durcheinander. Es kann zu Zeiten, in denen man es am wenigsten erwartet, enorm viel regnen oder sehr heiß werden.

Die Folgen davon sind häufig verheerend, etwa Überflutungen oder unerwartete Brände.

ES IST ALSO WICHTIG, NEUE WEGE ZU FINDEN, UM AUF MOTORBETRIEBENE FAHRZEUGE ZU VERZICHTEN!

Zum Beispiel der **Pedibus**, eine umweltfreundliche und witzige Lösung für den Schulweg. Es funktioniert wie ein Schulbus, mit Fahrplänen und Haltestellen, nur dass es anstelle eines Busses Kinder sind, die laufen (und Erwachsene, die sie begleiten). So gesehen ein menschlicher Autobus ... **ohne stinkende Abgase!**

WUSSTEST DU SCHON?

2018 begann eine junge Schwedin einen Schulstreik, um von der Regierung zu verlangen, dass ihr Land mehr zur Verringerung des Kohlendioxidausstoßes unternimmt. Ihr Name ist **Greta Thunberg** (bestimmt hast du schon von ihr gehört). Seit damals streikt dieses entschlossene Mädchen jeden Freitag vor dem Parlament, um alle darauf aufmerksam zu machen, dass die Welt gerettet werden muss. Aus ihrer Entschlossenheit heraus entstand die Bewegung „**Fridays for Future**".

JEDER KANN SICH ENGAGIEREN, UM GEGEN UMWELTVERSCHMUTZUNG ZU KÄMPFEN ...

... und die Tipps aus diesem Buch sind dafür ein guter Anfang!

07 NICHTS WEGWERFEN

Weißt du wie viel Müll jeder Mensch jeden Tag durchschnittlich produziert? Halt dich fest: **mehr als ein Kilo!** Nein, das ist kein Scherz. Das ist natürlich nur der internationale Durchschnitt (was jedoch heißt, dass einige Länder mehr produzieren, andere weniger), und vielleicht könnte ein Planet ohne Müll auch nicht existieren ...

Wenn wir uns aber alle darum bemühen, das, was wir haben, bestmöglich zu nutzen, dann gäbe es zweifellos schon viel weniger Verschwendung.

UND AUCH HIER KANNST DU LEICHT EINEN BEITRAG LEISTEN.

Zum Beispiel ...

Seife, Shampoo, Duschgel ... nimm nur so viel, wie du brauchst, um dich zu waschen. Etwas Schaum reicht meist schon aus für eine gründliche Reinigung.

Kleidung, die dir nicht mehr passt, Spiele, die du nicht mehr spielst ... hast du schon einmal daran gedacht, sie zu **verschenken**, wenn sie noch in Ordnung sind? Vielleicht hast du einen jüngeren Bruder, eine kleine Cousine oder Freunde, die sie noch gebrauchen können. Und vielleicht kannst auch du Sachen von Größeren bekommen oder dich in Secondhand-Läden umschauen.

AUS SACHEN, DIE WIRKLICH ZU ALT UND VERSCHLISSEN SIND, KANN MAN MANCHMAL ETWAS ANDERES BASTELN.

Du hast in diesem Buch schon das Kapitel zum Plastik gelesen, erinnerst du dich? Hier könntest du nun aus **einzelnen Socken** Handpuppen machen. Du brauchst nur ein Gesicht darauf malen oder zwei Knöpfe als Augen aufnähen (dabei kannst du dir von jemandem helfen lassen) ... dann steckst du deine Hand hinein und schon kann das Theater losgehen!

LASSE DEINER FANTASIE FREIEN LAUF, UM SO VIELE DINGE WIE MÖGLICH WEITER ZU BENUTZEN.

WARUM SOLLTE MAN AUFHÖREN, DINGE ZU VERSCHWENDEN?

Genau wie Autos **erzeugen auch Fabriken Kohlendioxid**, wenn dort die Maschinen arbeiten. Nur ist der Ausstoß dort noch viel, viel größer! Und manche Fabriken stehen sogar nachts und am Wochenende nicht still ...

ABER DAS IST NOCH NICHT ALLES!

Erinnerst du dich an das Beispiel der Zucchinis, die auf ihrem Transport auf Lkws, Zügen und Schiffen die Umwelt schädigen? Genauso ist es bei allen Produkten, die nach ihrer Fertigstellung transportiert werden. **Je mehr Dinge gekauft werden (und aus den Regalen verschwinden), desto mehr neue werden produziert ...**

DESHALB IST ES WICHTIG, DINGE SO LANGE WIE MÖGLICH ZU NUTZEN: VERSCHWENDUNG ZU VERMEIDEN, HEIẞT AUCH, NICHT EINFACH SO DINGE WEGZUWERFEN, UM SICH DANN JEDES MAL WIEDER NEUE ANZUSCHAFFEN.

WUSSTEST DU SCHON?

Wenn du selbst gerade niemanden kennst, an den du Sachen weitergeben kannst, die du nicht mehr brauchst, kannst du sie auch spenden. Es gibt viele Organisationen, die Kleidung, Schuhe, Bücher, Spielzeug, Schreibwaren (manchmal auch Medikamente) sammeln und an Bedürftige weitergeben. Das ist eine wirklich gute Sache!

Bestimmt gibt es solche Sammelstellen auch bei dir in der Nähe: Frage deine Eltern danach oder in der Schule. Sammle alles, was du spenden möchtest, in einem großen Karton oder einem Sack (oder mach es zusammen mit Freunden, dann macht es noch mehr Spaß und gemeinsam bewirkt ihr noch mehr gegen Verschwendung!).

SO SCHONEN WIR DEN PLANETEN UND HELFEN GLEICHZEITIG ANDEREN KINDERN ...

EASY!

08 WASSER SPAREN

Wasser ist ein kostbares Gut. Nur fließt es so schnell aus dem Wasserhahn heraus, dass es schwierig ist, zu sehen, wie viel man benutzt, nicht wahr? Und doch kann man dabei sparen.

Zum Beispiel, indem du **beim Zähneputzen den Wasserhahn zudrehst.** Natürlich ist es wichtig, die Zähne gut zu putzen, aber es ist nicht nötig, dafür die ganze Zeit das Wasser laufen zu lassen. Dreh es nach dem Putzen einfach wieder auf, um den Mund auszuspülen und die Zahnbürste zu reinigen …

Gute Zähne, ohne einen einzigen Wassertropfen zu verschwenden! Und wenn du meistens badest, könntest du überlegen, ab jetzt stattdessen zu **duschen.** Du sparst Wasser (für ein Bad brauchst du sehr viel mehr Wasser) und bist schneller fertig: Einseifen, Haare waschen und alles wieder gründlich ausspülen … sfertig!!

UND NATÜRLICH SOLLTEST DU AUCH IN DIESEM FALL DAS WASSER NUR LAUFEN LASSEN, WENN DU ES WIRKLICH BRAUCHST.

WARUM WASSER SPAREN?

Das Wasser ist zwar eigentlich eine **erneuerbare Ressource**, aber wir können dennoch nicht beliebig darauf zurückgreifen, weil es nicht in unbegrenzten Mengen zur Verfügung steht. Deshalb ist es sehr wichtig, achtsam mit Wasser umzugehen!
Es funktioniert so: Beim **natürlichen Wasserkreislauf** verdampft Wasser in die Luft und fällt als **Regen** oder **Schnee** wieder auf die Erde. Allerdings brauchen die **Grundwasserleiter** (also die unterirdischen Schichten, die das Wasser speichern) lange, um sich wieder zu füllen, sodass uns das Wasser ausgehen könnte, wenn wir es verschwenden ...

KLAR, EINFACH DEN WASSERHAHN AUFDREHEN IST TOLL ... ABER IN EINIGEN TEILEN DER WELT IST DAS GAR NICHT SO EINFACH.

In Ostafrika beispielsweise ist Wasser aufgrund der **Dürren** ein rares Gut. An anderen Orten dagegen, wie im **Kongo**, gibt es zwar reichlich, aber nicht alle können es nutzen, weil es nicht in die Häuser gelangt (leider gibt es noch nicht überall Wasserhähne und nicht einmal Rohre).

09 PAPIER GUT NUTZEN

Schreiben, malen, basteln, einpacken ... Was man nicht alles mit Papier machen kann! Mit etwas Kreativität und Fantasie kannst du jedes Stückchen Papier maximal ausnutzen.

Blätter haben zwei Seiten, warum also nicht beide nutzen? Wenn du eine Zeichnung fertiggestellt hast, kannst du das Blatt umdrehen und auf der Rückseite weiterzeichnen, anstatt ein neues Blatt zu nehmen.

Und die bemalten Blätter, Zeitungen und Zeitschriften? Abgesehen von Papierflugzeugen können daraus schöne Dekorationen werden oder Festtagsschmuck. Das geht ganz einfach: Nimm eine Schere (mit abgerundeter Spitze) und schneide viele Papierstreifen aus. Dann verbindest du mit einem Heftgerät die beiden Enden eines Streifens zu einem Ring. Durch den Ring führst du einen zweiten Streifen und verbindest ihn ebenfalls zu einem Ring ... So fährst du fort, bis deine Girlande die gewünschte Länge hat.

FIX UND LUSTIG!

DAS ERGEBNIS?

DEINE EIGENE GIRLANDE!

WARUM IST DAS WICHTIG?

Jedes Mal, wenn du ein **Blatt Papier** wiederverwendest, hilfst du den Bäumen, denn aus ihnen wird das Papier hergestellt. Papier achtsam (und mehrfach) zu nutzen, bedeutet also, weniger Bäume zu fällen. Bäume sind sehr wichtig für die Erde, denn durch den Prozess der **Photosynthese** produzieren sie den Sauerstoff, den wir atmen, und gleichzeitig entziehen sie der Luft das Kohlendioxid, das die Luft verschmutzt.

AUßERDEM ... WURZELN MACHEN DEN BODEN STABILER UND SCHÜTZEN SO VOR ERDRUTSCHEN UND ÜBERSCHWEMMUNGEN, DIE GROßE VERWÜSTUNGEN ZUR FOLGE HABEN KÖNNEN.

Das ist der Grund, warum viele Organisationen sich dafür einsetzen, auf Grünflächen in Dörfern und Städten so viele Bäume wie möglich zu pflanzen. Informiere dich mit deinen Eltern, vielleicht gibt es auch bei dir in der Nähe die Möglichkeit, deinen eigenen Baum zu pflanzen.

DEIN EIGENER BAUM

10 RESPEKTIERE FREI LEBENDE TIERE

Am Meer oder in den Bergen, bei Spaziergängen im Wald, auf den Feldern und sogar in Parks kannst du manchmal wilden, also in freier Natur lebenden Tieren begegnen. Hier einige kleine, wichtige Regeln, die du befolgen kannst, um sie zu respektieren und sie gut leben zu lassen.

NIEMALS JUNGTIERE BERÜHREN!

Ein kleines Bündelchen aus Fell oder Federn zu knuddeln und zu streicheln ist reizvoll, aber Achtung: Wenn du das machst, bringst du das Jungtier in Gefahr. Seine Mutter erkennt es nämlich am Geruch. Wenn du ein Jungtier anfasst, überträgst du ihm deinen Geruch (den du selbst vielleicht nicht riechst, die Tiere aber schon!), sodass die Mutter es nicht mehr als ihr Junges identifizieren kann. **Fasse deshalb die Tiere niemals an.**

TIERE ZU FANGEN IST KEIN SPIEL!

Auch wenn du sie nur besser beobachten möchtest, könntest du ihnen wehtun (und sicher erschrecken sie sich). Im Gegensatz zu Haustieren sind **frei lebende Tiere nicht daran gewöhnt,** berührt zu werden (wie gesagt sollte man das nie tun) oder, noch schlimmer, in eine Transporttasche gesteckt zu werden.

Egal also, ob es sich um krabbelnde Krebse oder süße Kaninchen handelt, schau sie dir an, ohne sie in ihrem Lebensraum zu stören.

RESPEKTIERE IHRE BEHAUSUNGEN!

Nester, Erdlöcher, Ameisenhaufen ... all dies zu entdecken, macht Spaß, aber denke daran: Für dich mag es wie ein Loch im Boden aussehen (oder wie Zweige), für die Tiere aber ist es ihr Zuhause. Wenn du ein frei lebendes Tier entdeckst, beobachte es aus der Ferne!

NICHT FÜTTERN!

Es mag zwar freundlich scheinen, einem pelzigen oder gefiederten Gesellen vom Picknick etwas abzugeben, aber das kann schlimme Folgen haben. Das, was uns schmeckt, kann einem kleinen Fuchs schlimme Bauchschmerzen bereiten. Außerdem ist es wichtig, dass Jungtiere lernen, sich selbst Nahrung zu beschaffen. Wenn sie sich daran gewöhnen, gefüttert zu werden, fällt es ihnen schwerer, in der Natur selbst zurechtzukommen.

TIERE AUS DER FERNE ZU BEOBACHTEN, OHNE SIE ANZUFASSEN UND ZU FÜTTERN, IST DIE BESTE ART, IHNEN DABEI ZU HELFEN, FREI UND ARTGERECHT LEBEN ZU KÖNNEN!

CLARISSA CORRADIN

Clarissa wurde 1992 in Ivrea, Italien, geboren. Sie besuchte die Accademia delle Belle Arti in Turin, wo sie sich auf Malerei und Illustration im Verlagswesen spezialisierte, ein Bereich, der sie besonders begeistert, sodass sie sich mittlerweile ganz auf den Bereich von Kinder- und Jugendbuch eingelassen hat. Für White Star Kids hat sie in den letzten Jahren mehrere Titel illustriert.

GIUSEPPE D´ANNA

Giuseppe, geboren und aufgewachsen im sonnigen Sizilien, hat in der Toskana ein Masterstudium in Integrated Media Communication absolviert. Mit viel Leidenschaft und Freude befasst er sich zurzeit mit kreativem Schreiben im Kinderbuchbereich.

Grafische Gestaltung

Valentina Figus

White Star Kids® ist eine eingetragene Marke von White Star s.r.l.

Piazzale Luigi Cadorna, 6 - 20123 Mailand, Italien
www.whitestar.it

Übersetzung: Claudia Theis-Passaro
Lektorat: Beate Bücheleres-Rieppel

ISBN 978-88-6312-526-9
1 2 3 4 5 6 26 25 24 23 22

Gedruckt in Kroatien

MIX
Papier aus verantwortungsvollen Quellen
FSC® C019238